# 매일, 당신을 위한 시

TO : ____________________

# 시편

마음을 두드리는 인생의 고백

순출판사

하나님이여
사슴이 시냇물을 찾기에 갈급함같이
내 영혼이 주를 찾기에 갈급하니이다

As the deer pants for streams of water
so my soul pants for you, O God
Psalms 42:1

복 있는 사람은 악인들의 꾀를 따르지 아니하며
죄인들의 길에 서지 아니하며
오만한 자들의 자리에 앉지 아니하고
오직 여호와의 율법을 즐거워하여
그의 율법을 주야로 묵상하는도다
그는 시냇가에 심은 나무가 철을 따라 열매를 맺으며
그 잎사귀가 마르지 아니함 같으니
그가 하는 모든 일이 다 형통하리로다

Blessed is the man who does not walk in the counsel of the wicked or stand in the way of sinners or sit in the seat of mockers. But his delight is in the law of the LORD, and on his law he meditates day and night. He is like a tree planted by streams of water, which yields its fruit in season and whose leaf does not wither. Whatever he does prospers. Psalms 1:1-3

만군의 여호와
나의 왕이시며 나의 하나님이시여
주의 제단 곁에는 참새도 깃들 곳이 있고
제비도 새끼를 품을 보금자리가 있습니다

Even the sparrow has found a home
and the swallow a nest for herself
where she may have her young-a place near your altar
O LORD Almighty, my King and my God.
Psalms 84:3

낮도 주의 것이요 밤도 주의 것이라
주께서 빛과 해를 마련하셨으며

The day is yours, and yours also the night;
you established the sun and moon.

주께서 땅의 경계를 정하시며
주께서 여름과 겨울을 만드셨나이다

It was you who set all the boundaries of the earth;
you made both summer and winter.
Psalms 74:16-17

주님은 내 어머니를 통해
나를 낳게 하셨을 때부터
내가 젖 먹는 어린 아기였을 때부터
주님을 의지하게 하셨습니다.
태어나던 날부터 나는 주님의 것이었으며
주님은 내 어머니가 나를 낳으신 때부터
나의 하나님이셨습니다.

Yet you brought me out of the womb;
you made me trust in you even at my mother's breast.
From birth I was cast upon you;
from my mother's womb you have been my God.
Psalms 22:9-10

하늘의 새들이 물가에 깃들고
나뭇가지에 앉아 노래합니다.
주께서 하늘의 궁궐에서
산들 위에 물을 주시니
온 땅이 주가 주신 열매로 가득합니다.

The birds of the air nest by the waters;
they sing among the branches.
He waters the mountains from his upper chambers;
the earth is satisfied by the fruit of his work.
Psalms 104:12-13

내가 여호와께 간절히 구하는
오직 한 가지는 이것입니다.
내 평생에 늘 여호와의 집에 살면서
여호와의 아름다우심을 보고
성전에서 주님을 뵙는 것입니다.

One thing I ask of the LORD, this is what I seek:
that I may dwell in the house of the LORD
all the days of my life,
to gaze upon the beauty of the LORD
and to seek him in his temple.
Psalms 27:4

나의 눈을 열어 주셔서 내가 볼 수 있게 하소서.
주의 법 안에 있는 놀라운 진리를 깨닫게 해 주소서.

Open my eyes that I may see wonderful things in your law.
Psalms 119:18

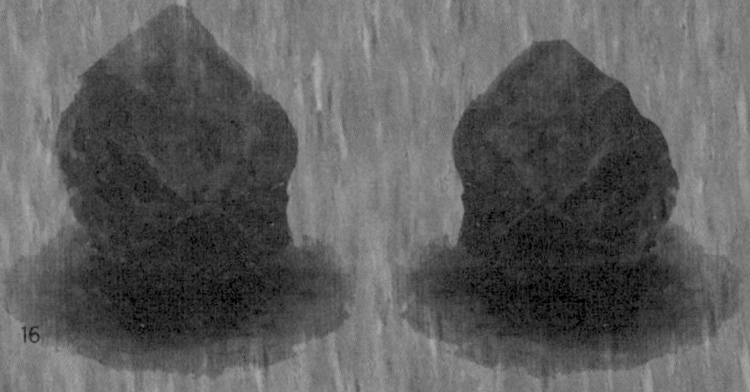

여호와께서 하늘에서 땅의 사람들을 굽어보시니,
지혜로운 사람이 있는지
하나님을 찾는 사람이 있는지
살펴보고자 하심입니다.

The LORD looks down
from heaven on the sons of men to see
if there are any who understand, any who seek God.

그러나 모든 사람들이 뒤돌아서서
잘못된 길로 갔습니다.
그들 모두가 썩은 것입니다.
선한 일을 하는 사람이 하나도 없습니다.

All have turned aside,
they have together become corrupt;
there is no one who does good, not even one.
Psalms 14:2-3

네가 교훈을 미워하고 내 말을 네 뒤로 던지며 도둑을 본즉 그와 연합하고 간음하는 자들과 동료가 되며 네 입을 악에게 내어 주고 네 혀로 거짓을 꾸미며 앉아서 네 형제를 공박하며 네 어머니의 아들을 비방하는도다. 네가 이 일을 행하여도 내가 잠잠하였더니 네가 나를 너와 같은 줄로 생각하였도다. 그러나 내가 너를 책망하여 네 죄를 네 눈 앞에 낱낱이 드러내리라 하시는도다.

You hate my instruction and cast my words behind you. When you see a thief, you join with him; you throw in your lot with adulterers. You use your mouth for evil and harness your tongue to deceit. You speak continually against your brother and slander your own mother's son. These things you have done and I kept silent; you thought I was altogether like you. But I will rebuke you and accuse you to your face.
Psalms 50:17-21

쉿!
너희들은
조용히 있어!
마음
게으름
은밀한 죄
슬픔
질투

주는 정말로 내 속에
진실이 있기를 바라십니다
주는 내 마음속에 지혜를 가르치십니다
Surely you desire truth in the inner parts
you teach me wisdom in the inmost place

하나님께서 바라시는 제사는 깨어진 마음입니다
오 하나님, 상처난 가슴과 죄를 뉘우쳐
주님께 고백하는 마음을
주는 경멸히지 않으실 것입니다
The sacrifices of God are a broken spirit
a broken and contrite heart, O God, you will not despise
Psalms 51:6,17

어떤 사람들은 어두움과 사망의 그늘 속에 앉아 있습니다. 쇠사슬에 매여 고통 중에 있는 죄수들과 같았습니다. 이는 그들이 하나님의 말씀을 거역하고 가장 높으신 분의 가르침을 무시하였기 때문입니다.

Some sat in darkness and the deepest gloom, prisoners suffering in iron chains, for they had rebelled against the words of God and despised the counsel of the Most High.

그 때에 그들이 고통 중에 여호와께 부르짖었습니다.
그러자 여호와께서 그들을 고난 가운데서 구원하셨습니다. 여호와는 끝없는 어둠 속에서 그들을 이끌어 내시고, 그들의 쇠사슬을 끊으셨습니다.

Then they cried to the LORD in their trouble, and he saved them from their distress. He brought them out of darkness and the deepest gloom and broke away their chains.
Psalms 107:10-11, 13-14

그래서 나는 내 죄를 덮어 두지 않고
주님께 숨김없이 털어 놓았습니다.
지은 죄를 숨기지 않았습니다.
“내 죄를 주께 고백할 것이다. 내 잘못을 여호와께 아뢰리라”
하고 다짐했습니다.
그러자 주님은 내 죄와 내 잘못을 용서해 주셨습니다.

Then I acknowledged my sin to you and
did not cover up my iniquity.
I said, 'I will confess my transgressions to the LORD'
and you forgave the guilt of my sin. Selah.
Psalms 32:5

여호와께서 내 갈 길을 보이시니 내가 여호와를 찬양합니다.
방에도 주께서 이끄심을 마음으로 느낍니다.
그러므로 내 마음이 기쁘고
내 목소리를 높여 주님을 노래합니다.
내 몸이 편안히 쉴 수 있습니다.

I will praise the LORD,
who counsels me; even at night my heart instructs me.
Therefore my heart is glad and my tongue rejoices;
my body also will rest secure.
Psalms 16:7,9

여호와의 가르침은 완전하여, 사람에게 새 힘을 줍니다.
여호와의 법은 믿을 만하여, 어리석은 사람을 지혜롭게 합니다.

The law of the LORD is perfect, reviving the soul. The statutes of the LORD are trustworthy, making wise the simple.

여호와의 율법은 올바르며, 사람들의 마음에 기쁨을 줍니다.
여호와의 명령은 맑고 깨끗하여, 사람의 눈을 밝혀 줍니다.

The precepts of the LORD are right, giving joy to the heart. The commands of the LORD are radiant, giving light to the eyes. Psalms 19:7-8

주의 말씀은 내 발의 등불이며, 내 길의 빛입니다.

Your word is a lamp to my feet and a light for my path.
Psalms 119:105

주께서 나의 슬픔이 변하여 내게 춤이 되게 하시며
나의 베옷을 벗기고 기쁨으로 띠 띠우셨나이다.

You turned my wailing into dancing;
you removed my sackcloth and clothed me with joy.
Psalms 30:11

LIFE IS
JUSTICE IS
LOVE
HE LOVES YOU
WORTH

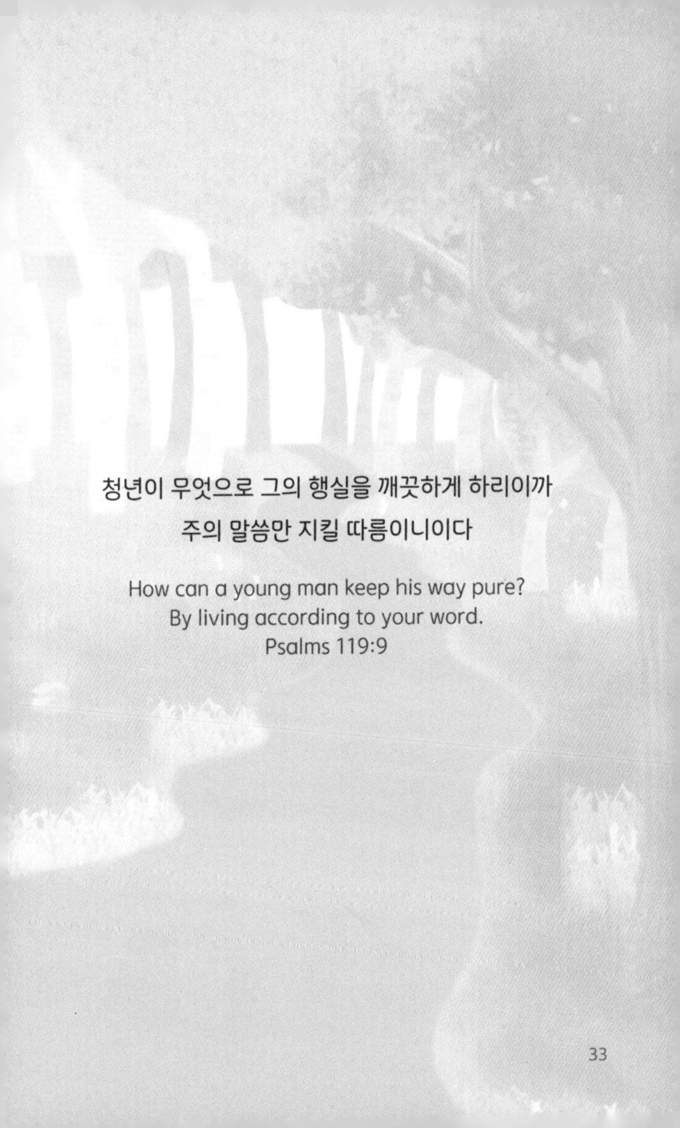

청년이 무엇으로 그의 행실을 깨끗하게 하리이까
주의 말씀만 지킬 따름이니이다

How can a young man keep his way pure?
By living according to your word.
Psalms 119:9

여호와여 주는 겸손한 자의 소원을 들으셨사오니
그들의 마음을 준비하시며 귀를 기울여 들으시고
고아와 압제 당하는 자를 위하여 심판하사
세상에 속한 자가 다시는 위협하지 못하게 하시리이다

You hear, O LORD, the desire of the afflicted;
you encourage them, and you listen to their cry,
defending the fatherless and the oppressed,
in order that man, who is of the earth, may terrify no more.
Psalms 10:17-18

내게 보이신 주의 사랑이 너무도 크고 깊습니다.
주께서 나를 죽음에서 건져 내셨습니다.

For great is your love toward me;
you have delivered me from the depths of the grave.
Psalms 86:13

나는 악하고 무자비한 사람을 보았습니다
기름진 땅에 선 푸른 나무처럼 번성한 듯 보였습니다
그러나 그 사람은 곧 죽어 없어져 버렸습니다
아무리 찾으려 해도 그를 찾을 수 없었습니다
깨끗한 사람을 생각하십시오
정직한 사람을 잘 보십시오
평화의 사람에게는 미래가 열려 있습니다

I have seen a wicked and ruthless man flourishing
like a green tree in its native soil,
but he soon passed away and was no more;
though I looked for him, he could not be found.
Consider the blameless, observe the upright;
there is a future for the man of peace.
Psalms 37:35-37

As for man, his days are like grass,
he flourishes like a flower of the field;
the wind blows over it and it is gone,
and its place remembers it no more.
But from everlasting to everlasting
the LORD's love is with those who fear him,
and his righteousness with their children's children-
with those who keep his covenant and
remember to obey his precepts.
Psalms 103:15-18

인생은 풀과 같습니다
들판에 핀 꽃처럼 자랍니다
바람이 불면 그 꽃은 떨어지고
그 있던 자리는 흔적조차 남지 않습니다
그러나 주를 높이고 두려워하는 자에게
여호와의 사랑이 영원히 함께할 것입니다
여호와의 정의는 그들의 자손들과
그분의 언약을 지키는 자들과
그분의 법규들을 기억하고
따르는 자들에게 이를 것입니다

군대가 많다고 해서
왕이 승리하는 것이 아니고
힘이 세다고
용사가 이기는 것은 아닙니다.

No king is saved by the size of his army;
no warrior escapes by his great strength.
Psalms 33:16

여호와께서 뭇 나라의 계획을 무너뜨리시고
민족들의 뜻을 꺾으십니다
여호와의 계획은 언제까지나 한결같고
그분의 뜻은 영원히 변하지 않을 것입니다

The LORD foils the plans of the nations;
he thwarts the purposes of the peoples.
But the plans of the LORD stand firm forever,
the purposes of his heart through all generations.
Psalms 33:10-11

하나님이여 물들이 주를 보았나이다
물들이 주를 보고 두려워하며 깊음도 진동하였고
주의 길이 바다에 있었고
주의 곧은 길이 큰 물에 있었으나
주의 발자취를 알 수 없었나이다

The waters saw you, O God,
the waters saw you and writhed;
the very depths were convulsed.
Your path led through the sea,
your way through the mighty waters,
tough your footprints were not seen.
Psalms 77:16, 19

여호와여
나를 불쌍히 여겨 주소서
너무나 괴롭습니다
너무 슬피 울어서 눈이 잘 보이지 않고
몸과 마음이 슬픔으로 지쳐 있습니다

Be merciful to me, O LORD, for I am in distress; my eyes grow weak with sorrow, my soul and my body with grief. Psalms 31:9

나의 영혼아 잠잠히 하나님만 바라라
무릇 나의 소망이 그로부터 나오는도다

Find rest ,O my soul, in God alone;
my hope comes from him.
Psalms 62:5

주는 나를 도우시는 분이시기에
내가 주의 날개 그늘 아래서 노래합니다.

Because you are my help,
I sing in the shadow of your wings.
Psalms 63:7

군대가 몰려와 나를 포위하여도 내 마음이 두려워 떨지 않을 것입니다. 나를 죽이려고 큰 군대가 전쟁을 일으켜도 내 마음은 더욱 든든할 것입니다. 여호와를 기다리십시오. 마음을 강하게 하고 용기를 갖고 여호와를 기다리십시오.

Though an army besiege me, my heart will not fear; though war break out against me, even then will I be confident. Wait for the LORD; be strong and take heart and wait for the LORD.  Psalms 27:3,14

마치 아버지가 그의 자녀들을 깊이 사랑하듯이
주는 그를 존경하는 자들을 깊이 사랑하십니다.
주는 우리가 어떻게 만들어졌는지를 아시며,
우리가 한낱 먼지임을 기억하고 계십니다.

As a father has compassion on his children,
so the LORD has compassion on those who fear him;
for he knows how we are formed,
he remembers that we are dust.
Psalms 103:13-14

나의 반석이시요 나의 구속자이신 여호와여
내 입의 말과 마음의 묵상이
주의 앞에 열납되기를 원하나이다

May the words of my mouth and the meditation of my heart be pleasing in your sight, O LORD, my Rock and my Redeemer.
Psalms 19:14

여호와는 나의 목자시니 내게 부족함이 없으리로다
그가 나를 푸른 풀밭에 누이시며
쉴 만한 물 가로 인도하시는도다
내 영혼을 소생시키시고 자기 이름을 위하여
의의 길로 인도하시는도다

The LORD is my shepherd, I shall not be in want.
He makes me lie down in green pastures,
he leads me beside quiet waters,
he restores my soul. He guides me in paths of righteousness
for his name's sake.

내가 사망의 음침한 골짜기로 다닐지라도
해를 두려워하지 않을 것은
주께서 나와 함께 하심이라
주의 지팡이와 막대기가 나를 안위하시나이다

Even though I walk
through the valley of the shadow of death,
I will fear no evil, for you are with me;
your rod and your staff, they comfort me.
Psalms 23:1-4

나의 힘이 되신 여호와여!
내가 주님을 사랑합니다.
여호와는 나의 반석, 나의 요새,
나의 구원자이십니다.
나의 하나님은 피할 바위이십니다.
주님은 나의 방패, 구원하시는 뿔, 나의 산성이십니다.
내가 찬양받기에 합당하신 여호와께 부르짖으니
그가 나를 수많은 원수들로부터
구하실 것을 확신합니다.

I love you, O LORD, my strength.
The LORD is my rock, my fortress and my deliverer;
my God is my rock, in whom I take refuge.
He is my shield and the horn of my salvation, my stronghold.
I call to the LORD, who is worthy of praise,
and I am saved from my enemies.
Psalms 18:1-3

내가 하나님을 향하여 부르짖었습니다
내 목소리를 들으시라고 하나님을 향하여 외쳤습니다
나는 슬픔 가운데서 주를 찾았습니다
밤새도록 지칠 줄 모르고 손을 내리지 않았지만
나의 영혼은 위로를 받지 못했습니다
오 하나님
내가 주를 기억할 때에 신음하였으며
내가 추억에 잠겼을 때에 내 영혼이 쇠약해져 갔습니다

I cried out to God for help; I cried out to God to hear me.
When I was in distress, I sought the Lord; at night
I stretched out untiring hands and
my soul refused to be comforted.
I remembered you, O God, and I groaned;
I mused, and my spirit grew faint. Selah.
Psalms 77:1-3

나는 지나간 날들을 회상해 보았습니다
옛날 옛적의 지나간 세월들을 기억해 보았습니다
밤이면 나는 마음속으로 생각했습니다
생각에 잠기게 되자 나는 스스로에게 물었습니다
"주께서 우리를 영원히 버리실 것인가?
다시는 우리에게 은혜를 베풀지 않으실 것인가?"
그 때, 나는 중얼거렸습니다
"하나님의 약속과 사랑을 믿는 나의 믿음이 약해진 거야."

I thought about the former days, the years of long ago;
I remembered my songs in the night.
My heart mused and my spirit inquired:
'Will the Lord reject forever?
Will he never show his favor again?'
Then I thought, 'To this I will appeal:
the years of the right hand of the Most High.'
Psalms 77:5-7,10

내가 저녁에 누워 잠을 자고,
아침에 다시 깨어나는 것은
여호와께서 나를 지켜 주시기 때문입니다.

I lie down and sleep; I wake again,
because the LORD sustains me.
Psalms 3:5

주께서 입김을 불어넣으시면
그들은 다시 창조됩니다
주는 이 땅을 새롭게 만드십니다

When you send your Spirit,
they are created, and you renew
the face of the earth.
Psalms 104:30

배들을 바다에 띄우며 큰 물에서 일을 하는 자는
여호와께서 행하신 일들과 그의 기이한 일들을
깊은 바다에서 보나니

Others went out on the sea in ships;
they were merchants on the mighty waters.
They saw the works of the LORD,
his wonderful deeds in the deep.
Psalms 107:23-24

여호와께서는 강을 광야가 되게 하셨으며
넘치는 샘을 마른 땅이 되게 하셨습니다.
여호와께서는 광야를 연못이 되게 하셨고,
마른 땅을 샘으로 바꾸셨습니다.

He turned rivers into a desert,
flowing springs into thirsty ground,
He turned the desert into pools of water
and the parched ground into flowing springs.
Psalms 107:33,35

내 손이 저와 함께하여 견고히 하고 내 팔이 그를 힘이 있게 하리로다. 원수가 저에게서 강탈치 못하며 악한 자가 저를 곤고케 못하리로다.

My hand will sustain him; surely my arm will strengthen him.
No enemy will subject him to tribute; no wicked man will oppress him. Psalms 89:21-22

주님께서 말씀하십니다. “내가 너희를 가르치고, 너희들이 가야 할 길을 보여 줄 것이다. 내가 너를 이끌어 주며, 어디로 가든지 지켜 줄 것이다.”

I will instruct you and teach you in the way you should go;
I will counsel you and watch over you.
Psalms 32:8

나는 늘 내 앞에 여호와를 모셔 두었습니다.

I have set the LORD always before me.

주님께서 늘 내 오른편에 계시므로
내가 결코 흔들리지 않을 것입니다.

Because he is at my right hand, I will not be shaken.
Psalms 16:8

주께 힘을 얻고
그 마음에 시온의 대로가
있는 자는 복이 있나이다
그들이 눈물 골짜기로 지나갈 때에
그곳에 많은 샘이 있을 것이며
이른 비가 복을 채워 주나이다

Blessed are those whose strength is in you,
who have set their hearts on pilgrimage.
As they pass through the Valley of Baca,
they make it a place of springs;
the autumn rains also cover it with pools.
Psalms 84:5-6

그분은 마음이 상한 자들을 고치시며
그들의 상처를 싸매십니다.
그분은 별들의 수효를 결정하시며
별들 하나하나에 이름을 주셨습니다.

He heals the brokenhearted
and binds up their wounds.
He determines the number of the stars
and calls them each by name.
Psalms 147:3-4

그에 대한 나의 사랑을 영원히 간직할 것이니
그와 맺은 나의 언약은 영원할 것이다.

I will maintain my love to him forever,
and my covenant with him will never fail.
Psalms 89:28

기도를 들으시는 주여
모든 육체가 주께 나아오리이다
주의 은택으로 한 해를 관 씌우시니
주의 길에는 기름 방울이 떨어지며
들의 초장에도 떨어지니
작은 산들이 기쁨으로 띠를 띠었나이다

O you who hear prayer, to you all men will come.
You crown the year with your bounty,
and your carts overflow with abundance
The grasslands of the desert overflow;
the hills are clothed with gladness.
Psalms 65:2,11-12

온 땅이여, 기쁨으로 여호와께 즐거이 외치며
악기에 맞추어 기쁨의 노래를 부르십시오.
수금으로 아름다운 음악을 여호와께 드리십시오.
수금과 노랫소리로 주를 찬양하십시오.

Shout for joy to the LORD,
all the earth, burst into jubilant song with music;
make music to the LORD with the harp,
with the harp and the sound of singing,
with trumpets and the blast of the ram's horn-shout

나팔과 호각을 불면서
왕이신 여호와 앞에서 즐거이 외치십시오.
바다와 그 안에 있는 모든 것들아, 높이 외쳐라
온 세계와 그 안에 있는 모든 것들아
다 노래하여라. 강들아, 손뼉을 치고 산들아
함께 즐거워하며 노래하여라.

for Joy before the LORD, the King.
Let the sea resound, and everything in it,
the world, and all who live in it.
Let the rivers clap their hands,
Let the mountains sing together for joy.
Psalms 98:4-8

Let this be written for a future generation, that a people not yet created may praise the LORD: 'The LORD looked down from his sanctuary on high from heaven, he viewed the earth, to hear the groans of the prisoners and release those condemned to death.' So the name of the LORD will be declared in Zion and his praise in Jerusalem when the peoples and the kingdoms assemble to worship the LORD. Psalms 102:18-22

미래의 세대들을 위해 이 일들을 기록해 놓아 새로운 백성들이 여호와를 찬양하게 합시다. 여호와께서 저 높은 성소에서 굽어보시며 하늘에서 이 땅을 살펴보셨습니다. 갇힌 자들의 신음 소리를 들으셨고, 사형 선고 받은 자들을 풀어 주셨습니다. 그러므로 여호와의 이름이 시온에 선포되며, 그를 찬양하는 소리가 예루살렘에 가득 퍼지는 가운데서 나라들과 민족들이 함께 모여 여호와를 경배할 것입니다.

형제들이 함께 다정하게 살고 있을 때, 그것이 얼마나 좋고 즐거운 일입니까! 그것은 마치 헤르몬 산의 이슬이 시온 산 위로 떨어지는 것과 같습니다. 이는 그 곳에 여호와께서 주의 복을 주시기 때문입니다. 그리고 생명을 영원토록 주시기 때문입니다.

How good and pleasant it is when brothers live together in unity! It is as if the dew of Hermon were falling on Mount Zion. For there the LORD bestows his blessing, even life forevermore. Psalms 133:1, 3

## 성경을 더 읽어보세요.

시편에는 당신의 영혼을 새롭게 할
좋은 글들이 많이 있습니다.

사랑하는 너에게

네가 이 편지를 읽을 걸 생각하니 가슴이 벅차오는구나.

너는 아주 특별하단다.

그 옛날 흙으로 본을 떠 작은 손가락, 발가락을 빚어내고

코에 생기를 불어넣자 너는 숨을 쉬기 시작했지.

태양도 달도, 그 장면을 가만히 바라보며

감탄했던 기억이 나는구나…

나는 그날을, 내 마음에 선명하게 담아 두었단다.

어디론가 여행을 떠나는 걸 좋아하니?

나는 수많은 아름다움을 빚어 온 땅 곳곳에 남아 두었난다.

네가 감탄하며 즐거워할 모습을 기대하며 말이야.

네가 만나는 풍경, 그곳의 사람들, 들이마시는 향기...

그 순간만의 특별함을 마음껏 누려보렴.

진정한 사랑은 기다림조차도 설레게 한다는 것을 알고 있니?
나는 너를 오랫동안 기다렸단다. 아주 긴 시간을 넘어서…
우리를 멀어지게 만드는 모든 아픔, 상처, 미움과 두려움, 죄.
그 모든 것을 제치고 널 온전히 사랑하기 위해 이날을 기다렸단다.
이제 오렴, 기꺼이 내 모든 것을 너에게 내어줄 수 있으니…
내 사랑은 그 무엇으로도 멈출 수 없단다.

오늘 네가 하고 있는 일은 어떤 건지 궁금하구나.
무엇을 만들고, 무엇을 지키며 가꾸고 있니?
혹시 어렵지는 않니?
차근차근 성장해가는 네 모습은 내게 큰 기쁨이란다.
주어진 일에 정성을 쏟아보렴.
내가 온 마음으로 너를 도울 수 있게…

속상한 일이 있었구나.

그렇지… 누구에게도 이해받지 못할 때가 있지.

아무리 노력하고, 아무리 애를 써도, 그런 날이 있지…

너의 마음을 있는 그대로 듣고 싶구나. 네게 이야기해 주겠니?

격려와 새 힘을 안겨줄 수 있도록 내 손을 잡으렴.

어느 순간에도 절대로 널 떠나지 않을 것을 약속하마.

나는 세상을 만들고 나서 참 만족스러웠단다.

움직이고 숨 쉬는 모든 것들,

파도치는 그 모습이 어찌나 아름답던지!

열심히 일한 뒤엔 천천히 숨을 고르고

지친 마음을 녹여주는 시간이 필요하단다.

잠시 이리 와서 햇볕을 쬐어보렴.

수고한 네게 주는 평안의 선물이란다.

10
S M T W
1 2 3
7 8 9 10
14 15 16 17
21 22 23 24
28 29 30

기도가 뭐냐고 묻는다면… 내가 아주 좋아하는 시간이지.
그날의 소소한 감사, 마음의 소원, 누군가를 위한 간절함,
잘못을 뉘우치는 회개의 마음, 소중히 품고 있는 꿈 이야기…
그 모든 것이 나에게는 아름다운 음악처럼 들려온단다.
세상에 수많은 소리가 있다 해도,
네 목소리는 절대 놓치지 않는단다.
나는 너의 깊은 한숨소리마저 세밀히 듣고 있는 하나님이다.
오늘을 나에게 이야기해 주렴. 기다리고 있을테니…

바이블 일러스트북 시리즈

# Psalms (시편)

발행 : 2024년 7월 20일
기획 : CCC VLM
일러스트 : CCC DIA (김미현 김주목 박금비 박사라 양희정 정다운)
편집 : 박금비 오경수
펴낸곳 : 순출판사 (서울시 종로구 백석동1가길 2-8. TEL 02-722-6932)
홈페이지 : www.soonbook.co.kr
구매처 : www.1958shop.co.kr

ISBN 978-89-389-0363-1 03230


값 : 5,000원